LA TERRE QUI NE VOULAIT PLUS TOURNER

AUTREFOIS, AUJOURD'HUI, DEMAIN

DU MÊME AUTEUR

AUX ÉDITIONS THÉÂTRALES

CE MATIN, LA NEIGE, IN 25 PETITES PIÈCES D'AUTEURS, 2007

DES TRACES D'ABSENCE SUR LE CHEMIN, 2007

DANS LA COLLECTION « THÉÂTRALES JEUNESSE »

L'ÉTÉ DES MANGEURS D'ÉTOILES, 2002

BLUES, IN THÉÂTRE EN COURT 1, 2005

COMME DES FLÈCHES VIVANTES,
IN THÉÂTRE EN COURT 2, 2007

LES OISEAUX MALADROITS,
IN THÉÂTRE EN COURT 4, 2009

CHEZ D'AUTRES ÉDITEURS

UN GOÛT DE PIERRE DANS LA BOUCHE,
ÉDITIONS L'ESPRIT DU TEMPS, 1993

LES OISEAUX MALADROITS,
ÉDITIONS L'ESPRIT DU TEMPS, 1993

UN PEU DE NEIGE FONDUE DANS LE SANG,
THÉÂTRE(S) EN BRETAGNE, 1995

UN PRINTEMPS S'EST NOYÉ DANS LA MER,
ÉDITIONS TRÈS TÔT THÉÂTRE, 1995

EN AUTOMNE J'AI MÊME VU DES RENARDS DANSER,
ÉDITIONS URGENCE DE LA JEUNE PAROLE, 1997 ET LANSMAN ÉDITEUR, 2006

SI ON RÊVAIT, SI ON PARLAIT,
ÉDITIONS CAHIERS DE L'ÉGARÉ, 2002

DES ANGES RUSÉS AUX AILES PLOMBÉES,
THÉÂTRE PUBLIC/MGI, 2003

AU PAYS DE MON PÈRE ON VOIT DES BOIS SANS NOMBRE,
ÉDITIONS CAHIERS DE L'ÉGARÉ, 2004

O'NEILL, THÉÂTRE DE TOUS LES TEMPS,
ÉDITIONS SEGHERS, 1971

ITINÉRAIRE D'AUTEUR N° 7, JEAN AUDUREAU,
ÉDITION CNES-LA CHARTREUSE, 2004

Françoise du Chaxel

LA TERRE QUI NE VOULAIT PLUS TOURNER

AUTREFOIS, AUJOURD'HUI, DEMAIN

éditions THEATRALES II JEUNESSE

THEATRALES II JEUNESSE

Des langages, des histoires, des délires,

cent façons de raconter le monde.

Des textes à lire, à dire, à écouter, à jouer.

UNE COLLECTION DIRIGÉE PAR FRANÇOISE DU CHAXEL

Image de couverture : Mathias Delfau

ISBN : 978-2-84260-397-7 • ISSN : 1629-5129

Pour Jérémie, Raphaël, Lucien, Félix,
Quentin, Théo et Valentin, à qui, je l'espère,
je laisserai une planète belle à vivre.

LA TERRE QUI NE VOULAIT PLUS TOURNER

PERSONNAGES :

Ce texte peut être joué aussi bien par 5 comédiens que par 15.

Images de la Terre abîmée par les hommes, images de catastrophes naturelles.

Chœur.

Elle tournait, tournait, tournait
Depuis des siècles la Terre
Tournait sur elle-même
Comme une danseuse
Tournait autour du Soleil
Comme une amoureuse
Sans bruit, sans histoire
Si paisible, si polie
Si fière, si forte
Si douce, si docile
Si rassurante
Pendant ce temps
Les hommes
Défrichent
Creusent
Gaspillent
Incendient
Mutilent
Se font la guerre
Puis la négligent
S'intéressent à la Lune
La trouvent
Trop grise
Trop laide

Trop froide
Reviennent sur Terre
Se font la guerre
Dévastent les forêts
Bouleversent les marées
Détournent les rivières
Épuisent le sol
Souillent les fleuves
Enfument le ciel
Se font la guerre
Font n'importe quoi
En font tant
Que la Terre se fâche
S'agite
Gronde
Menace
Hurle par ses tempêtes
Crache par ses volcans
Déchaîne ses océans
Puis un jour
S'arrête
Silencieuse
Immobile

Un village coupé en deux, d'un côté la nuit, de l'autre le jour, la frontière passe au milieu d'un champ.

Côté jour, une maison, la chambre des garçons.

GARÇON 1.- *(Qui regarde par la fenêtre.)* Il fait jour, et on n'est pas venu nous réveiller !

GARÇON 2.- *(sous sa couette)* Mmmm.

GARÇON 1.- Il fait jour ! On va être en retard.

GARÇON 2.- Mmmm. J'ai pas fini ma nuit, laisse-moi dormir !

GARÇON 1.- C'est plus la nuit, c'est le jour. Debout !

La chambre des filles.

FILLE 1.- Pourquoi tu cries ? T'as fait un cauchemar ?

GARÇON 1.- *(Qui passe la tête par la porte.)* Il fait jour.

FILLE 1.- Et alors ?

GARÇON 1.- On n'est pas venu nous réveiller !

FILLE 1.- Le réveil dit qu'il est 1 heure du matin !

GARÇON 1.- Regarde dehors.

FILLE 1.- Bon d'accord, il fait jour et le réveil dit qu'il est 1 heure du matin, c'est quoi le problème ?

GARÇON 1.- S'il est 1 heure du matin, c'est en Chine en ce moment qu'il fait jour, pas en France.

FILLE 2.- C'est quoi ce vacarme ?

FILLE 1.- Il fait jour, il est 1 heure du matin, on n'est pas en Chine.

FILLE 2.- Le réveil s'est arrêté, voilà tout.

Côté nuit. Une voix : « Les enfants, c'est l'heure de se lever. »

GARÇON 1.- C'est pas l'heure, il fait nuit noire.

GARÇON 2.- C'est l'heure de se lever ! N'importe quoi !

FILLE 1.- *(Qui entre dans leur chambre et va à la fenêtre.)* Écoutez !

Dehors, on entend des voix.

- Faudrait quand même savoir ce qui se passe !

- Le Soleil fait la grasse matinée.

- C'est malin !

- Faudrait quand même savoir ce qui se passe !

- Une éclipse.

- Une alerte atomique.

- Une invasion d'extraterrestres.

- Si on allait se recoucher ?

- Regardez, de l'autre côté du village il fait jour !

- Et la frontière passe au milieu du champ de Colette !

- Je suis sûre qu'on est en train de rêver, on va se réveiller.

Un peu plus tard, une annonce à la radio.

Après plusieurs heures d'incertitude, nous devons nous rendre à l'évidence, la Terre a cessé de tourner. C'est bien sûr l'information numéro un de cette journée, nous supprimons toutes les émissions habituelles pour vous tenir au courant des développements et des conséquences de cet incroyable caprice de la Terre.

Quelques jours plus tard.

Du côté ombre.

– Alors, qu'est-ce qu'on fait ?

– Si on interrogeait des savants ?

– Si on faisait venir un sorcier d'Afrique ?

– Si on envahissait le côté soleil ?

– Si on fabriquait des soleils artificiels ?

– Si on demandait aux hommes de se mettre tous du même côté ?

– Et alors ?

– Leur poids entraînerait la Terre, la forcerait à tourner.

– J'ai rien compris.

Du côté soleil.

– Alors, qu'est-ce qu'on fait ?

– Si on demandait à la Lune de cacher le Soleil ?

– Tu fais comment pour lui demander ?

– On kidnappe un astronome, il doit savoir lui parler.

– N'importe quoi !

– Si on envahissait le côté ombre ?

– Si on téléphonait à Barack Obama ?

– Pourquoi à lui ?

– Je sais pas, comme ça.

La Lune, le Soleil.

LE SOLEIL.– Toujours le même paysage à éclairer, je m'ennuie !

LA LUNE.– Même ceux qui aiment la nuit finissent par me détester.

LE SOLEIL.– Qu'est-ce qui se passe à ton avis ?

LA LUNE.– La Terre s'est arrêtée de tourner.

LE SOLEIL.– Merci, j'avais compris. Tu sais pourquoi ?

LA LUNE.– Bien sûr !

LE SOLEIL.– Tu fais la maligne, comme toujours.

LA LUNE.– La nuit, on réfléchit plus.

LE SOLEIL.– Alors, raconte !

LA LUNE.– Toi qui vois tout, t'as rien remarqué ?

LE SOLEIL.– Je vois de moins en moins bien, c'est tout trouble entre la Terre et moi.

LA LUNE.– La pollution. T'as vu tout ce qu'ils envoient dans l'atmosphère ?

LE SOLEIL.– Il y a trop d'hommes dans certains pays, pas assez dans d'autres.

LA LUNE.- C'est tout ?

LE SOLEIL.- Il y a des poissons le ventre en l'air à la surface des rivières.

LA LUNE.- C'est tout ?

LE SOLEIL.- Il y a moins de forêts.

LA LUNE.- C'est mieux.

LE SOLEIL.- Les déserts s'étalent, la calotte glaciaire fond.

LA LUNE.- Tu vois, quand tu veux !

LE SOLEIL.- Ça ne me dit pas pourquoi elle s'est arrêtée.

LA LUNE.- T'es gros, t'es beau, mais t'es vraiment pas très futé.
Elle n'en peut plus la Terre de tout ce gâchis.
En s'arrêtant, elle leur dit que ça suffit comme ça, qu'ils pourraient vivre autrement. T'utiliser mieux par exemple.

LE SOLEIL.- En voilà une bonne idée !
Moi j'ai compris, mais pas les hommes. Comment leur faire comprendre ?

LA LUNE.- Je réfléchis, rendez-vous dans mes nouveaux quartiers.

LE SOLEIL.- C'est quand même pas toi qui vas tout décider !

LA LUNE.- Qui alors ?
Salut.

La Terre, la planète Mars.

MARS.- Je suis le porte-parole des autres planètes. Nous appartenons tous au même système solaire. Tu ne peux pas t'arrêter comme ça sans te soucier des autres. Tu as vu les embouteillages que tu provoques ?

LA TERRE.- Facile de donner des leçons quand on est une planète vide.

MARS.- Vide, vide, c'est toi qui le dis. Tu n'as pas entendu parler des Martiens ?

LA TERRE.- Tu sais bien que c'est une invention des Terriens. Toi, la planète rouge...

MARS.- Orange, s'il te plaît.

LA TERRE.- Toi, la planète orange où il fait si froid ! Tu ne risques pas d'avoir des habitants.

MARS.- Et si j'en avais eu des habitants, il y a quelques milliards d'années ? L'humanité, ce n'est qu'un mauvais moment à passer !

LA TERRE.- En tout cas, aujourd'hui, il n'y a personne chez toi.

MARS.- J'aimerais bien, moi, avoir du monde chez moi. C'est plus gai.

LA TERRE.- Les hommes, c'est pas juste de la compagnie. C'est beaucoup de soucis.
D'abord ils ont voulu tout savoir. D'où ils venaient, d'où je venais, si j'étais plate, si j'étais ronde, si je tournais, si j'étais seule, si j'étais au centre de l'Univers, si les autres planètes étaient intéressantes.
Pendant des siècles, ils ont rêvé, imaginé, se sont trompés, ont même puni ceux qui rêvaient trop.
Au fil des siècles, Ptolémée, Copernic, Galilée, Kepler, Newton, Einstein – que des hommes ! les femmes avaient autre chose de plus intéressant à faire – ont cherché des réponses à leurs questions, ils ont fini par trouver.
Quand les hommes ont su d'où je venais, d'où ils venaient, même s'ils n'étaient pas tous d'accord, ça s'est gâté. Ils ont exploré l'espace, ils ont débarqué sur la Lune qu'ils ont vite laissée tomber, mais surtout, ils se sont occupés de moi. Ils m'ont exploitée, épuisée, jusqu'à ce que je ne ressemble plus à rien.
Je me trouve laide, je n'en peux plus de tout ce gâchis.

MARS.- C'est peut-être pénible, mais ça t'occupe. Moi je m'ennuie.

LA TERRE.- Attends de les voir débarquer, si tu leur plais, tu comprendras.

MARS.- On verra.
Toi, tu arrêtes de jouer les empêcheuses de tourner en rond.
Les caprices, c'est bon pour les jeunes.

À la radio.

Dernières nouvelles : la Terre se refroidit ou se réchauffe dangereusement. Certains pays riches qui sont dans l'ombre ont offert des fortunes à des pays ensoleillés pour racheter leurs terres. D'un côté la Terre est brûlée, de l'autre les graines pourrissent. Rien ne germe, ni d'un côté, ni de l'autre. Des vols entiers d'hirondelles se sont écrasés sur des obstacles imprévus car elles ont dû changer d'itinéraire. La température trop élevée favorise la reproduction d'insectes. Les hommes et les animaux sont exaspérés.
Il faut trouver une solution.

Un champ dont une moitié est à l'ombre, l'autre au soleil. Un paysan, l'air réjoui, passe sans cesse de l'ombre au soleil. Un homme s'approche de lui.

L'HOMME D'AFFAIRES.- Vendez-moi votre terrain.

LE PAYSAN.- Non.

L'HOMME D'AFFAIRES.- La moitié de votre terrain.

LE PAYSAN.- Non.

L'HOMME D'AFFAIRES.- Le quart de votre terrain.

LE PAYSAN.- Non.

L'HOMME D'AFFAIRES.- Je peux vous offrir beaucoup d'argent.

LE PAYSAN.- Vous ne m'en offrirez jamais assez. Avec ce champ, je suis plus riche que vous.

Petit chœur de l'ombre.

Nous en avons assez
Du monde en noir et blanc
Des fleurs qui meurent de chagrin
Des oiseaux qui nous quittent
Seuls les hiboux sont heureux
Des blés qui pourrissent
Des journées sans couleurs
Des nuits sans fin
Nous en avons assez

Petit chœur du soleil.

Du soleil, du soleil !
Mais bientôt plus d'eau
Des fleurs, des arbres
Mais brûlés, calcinés
Plus d'aube
Plus de crépuscule
Plus de pluie au creux des mains
Ce soleil ! Ce soleil !

Allocution du président de la République à la télévision.

Mes chers compatriotes,
Depuis que vous m'avez élu président, je me suis occupé de tout : des écoles, des hôpitaux, des usines, des voitures, de la télévision, des banques, des riches, des pauvres, euh, non, pas des pauvres, du foot, de tout, quoi ! Je ne vais pas me laisser impressionner par un caprice de la Terre ! Je vais rassembler les savants du monde entier et il va falloir qu'ils trouvent une solution. Pour une fois ils vont servir à quelque chose. Faites-moi confiance !

Des cosmonautes dans l'espace.

– Ici le vaisseau spatial *Mascaret 2,* commandant Tourneboule, nous approchons de la Lune et nous recevons des signaux absolument inconnus qui semblent venir d'elle et qui affolent nos instruments.
Constatez-vous quelque chose depuis la Terre ? Message terminé.

– Ici le centre spatial. Message reçu. La Lune clignote en effet. Nous ne savons pas ce que cela signifie.
Savez-vous que la Terre s'est arrêtée de tourner ? Message terminé.

– Ici le vaisseau spatial *Mascaret 2.* Il nous semblait bien qu'il se passait quelque chose de bizarre. Le pôle Nord est toujours en plein soleil. Quels sont les ordres ? Message terminé.

– Ici le centre spatial, approchez-vous le plus possible de la Lune, essayez de noter la fréquence des clignotements, c'est peut-être un message codé. Message terminé.

– Ici le vaisseau spatial *Mascaret 2,* bien reçu. Vous ne délirez pas un peu ? La Lune qui envoie des messages codés ! N'importe quoi ! Pourquoi pas des textos ! On note quand même. Message terminé.

La Terre, la Lune.

LA TERRE.- Pourquoi tu clignotes comme ça? C'est fatigant à la longue.

LA LUNE.- Je sais pourquoi tu as cessé de tourner.

LA TERRE.- Tu devrais être contente. Les hommes ont le temps de t'admirer.

LA LUNE.- Pas tous! Ce sont toujours les mêmes qui m'admirent. Ceux du soleil vont m'oublier.
Et les marées, tu as pensé aux marées? Sans moi, pas de marées. Et les belles-de-nuit qui ne peuvent plus s'ouvrir!
Je veux prévenir les hommes.

LA TERRE.- De quoi?

LA LUNE.- Je veux leur dire que tu es en colère contre eux.

LA TERRE.- Et pourquoi à ton avis?

LA LUNE.- Que s'ils continuent à gaspiller, il faudrait quatre planètes comme toi pour les nourrir.

LA TERRE.- Pas mal!

LA LUNE.- Que le jour où il n'y aura plus d'abeilles, il n'y aura plus d'hommes.

LA TERRE.- De mieux en mieux !
Avec ta grosse face de clown, on ne te croirait pas aussi intelligente.

LA LUNE.- Tu oublies que les hommes, je les connais, ils sont venus me voir, ils m'ont trouvée laide, ils m'ont délaissée. Moi, je les ai trouvés plutôt bêtes.
Si tu ne te remets pas à tourner, on va aussi à la catastrophe, ils ne réfléchissent même pas, ils ne pensent qu'à se faire la guerre.

LA TERRE.- Pourtant, il y en a qui savent !

LA LUNE.- Et ils ne disent rien !

LA TERRE.- On ne les écoute pas.

LA LUNE.- J'ai beaucoup d'amoureux, je vais bien en trouver un qui a compris et qu'on va écouter.

LA TERRE.- Bon courage !

À la radio.

La situation est catastrophique, les glaces du pôle Nord fondent à vue d'œil, des pays vont disparaître sous les eaux, les ours blancs envahissent les villes.
Attention aux escrocs qui vous proposent des soleils gonflables.
Nous attendons avec impatience les résultats de la réunion des savants.

On s'agite beaucoup du côté ombre, des hommes traversent le plateau en vantant leurs trouvailles.

- Du soleil lyophilisé, comme les champignons ! Un petit séjour dans l'eau et vous aurez un soleil grandeur nature pour vous tout seul.

- Demandez mes soleils gonflables !

- Un soleil en kit à fabriquer soi-même, en quinze minutes chrono !

D'autres sont réunis et lancent des slogans.

- La Terre est à tout le monde !

- Le Soleil est à tout le monde !

- Ça ne peut plus durer !

- Envahissons les terres de ceux qui ont tout !

Un homme galonné essaie de mettre de l'ordre.

L'HOMME GALONNÉ.- Si vous voulez envahir ceux du soleil, il vous faut un chef.

LES AUTRES.- Ah non, pas de chef.

L'HOMME GALONNÉ.- Comment ça, pas de chef ? Vous avez déjà vu une invasion sans chef ?

LES AUTRES.- Bon alors, c'est qui le chef ?

Ils se mettent en rond et « plouffent » pour choisir le chef. Après quelques essais et tricheries, un chef est désigné. On lui apporte des accessoires de chef.

LE CHEF.- On est prêts ?

LES AUTRES.- Oui, chef.

Un homme, qui tourne le dos, ne semble pas concerné par tous ces préparatifs. Le chef lui tape sur l'épaule.

LE CHEF.- Et toi, tu viens ?

L'HOMME.- Non.

LE CHEF.- Pourquoi non ?

Il se retourne, il porte la lanterne du veilleur de nuit.

L'HOMME.- Pourquoi voulez-vous que j'envahisse l'autre côté ? Je suis heureux, moi. Autrefois on ne me prenait pas au sérieux, maintenant je suis nécessaire.

LE CHEF.- Qu'est-ce que c'est que ce charabia ? Qu'est-ce que ça veut dire, « je suis nécessaire » ? De toute façon, tu réfléchis trop pour faire un bon envahisseur. En avant, vous autres.

Il entraîne le groupe des belliqueux.

Les savants et le journaliste.

LE JOURNALISTE.- Qu'avez-vous à nous annoncer ?

UN SAVANT.- La Terre s'est arrêtée.

LE JOURNALISTE.- Bravo ! Mais ça nous le savons.

UN SAVANT.- La moitié de la planète est dans l'ombre, l'autre moitié est dans la lumière.

LE JOURNALISTE.- Bravo, mais pourquoi ?

UN SAVANT.- Il faudrait du matériel.

UN SAVANT.- Il faudrait de l'argent.

UN SAVANT.- Il faudrait du temps.

LE JOURNALISTE.- Mais nous n'avons pas le temps !

LES SAVANTS.- Alors demandez à quelqu'un d'autre.

Des enfants.

– Les savants demandent du temps, de l'argent, du matériel.

– Les ordinateurs ont refusé de répondre.

– Ça s'appelle un bug.

– Les voyantes n'ont rien vu.

– Les poètes continuent à rêver.

– Les philosophes, à se poser des questions.

– Les hommes d'affaires, à compter leurs sous.

– Les politiques, à faire des discours qui ne disent rien.

– Et les sorciers ? On a demandé aux sorciers ?

Arrive un sorcier avec tous les attributs du sorcier, un homme à l'air important l'interroge.

L'HOMME IMPORTANT.- Pouvez-vous me dire pourquoi la Terre s'est arrêtée de tourner ?

LE SORCIER.- Avant de répondre, je pose mes conditions.

L'HOMME IMPORTANT.- Je vous écoute.

LE SORCIER.- Je veux être sûr que vous ne dévasterez plus la forêt où je cueille les herbes qui guérissent.

L'HOMME IMPORTANT.- C'est tout ?

LE SORCIER.- Je veux être sûr que vous ne souillerez plus la rivière où je puise l'eau pour mes filtres magiques.

L'HOMME IMPORTANT.- C'est tout ?

LE SORCIER.- Que vous laisserez vivre les serpents dont j'extrais le venin.

L'HOMME IMPORTANT.- C'est tout ?

LE SORCIER.- Que vous ne troublerez plus la pureté du ciel pour que je lise les messages des étoiles.

L'HOMME IMPORTANT.- Ça fait beaucoup de conditions pour un petit renseignement !

LE SORCIER.- C'est oui ou c'est non ?

L'HOMME IMPORTANT.- On verra.

LE SORCIER.- Vous ne verrez rien du tout.

Le champ dont la moitié est à l'ombre et l'autre au soleil, le paysan et l'homme d'affaires.

L'HOMME D'AFFAIRES.- Vendez-moi votre terrain.

LE PAYSAN.- D'accord.

L'HOMME D'AFFAIRES.- Comment ça, d'accord ?

LE PAYSAN.- D'accord.

L'HOMME D'AFFAIRES.- Qu'est-ce qu'il a, votre terrain, pour que vous vouliez vous en débarrasser ?

LE PAYSAN.- Il est très bien mon terrain, mais j'ai envie d'avoir beaucoup d'argent. Et puis c'est fatigant de choisir, de ne jamais savoir si c'est mieux à l'ombre ou au soleil.

L'HOMME D'AFFAIRES.- C'est louche, je préfère vous le laisser.

Deux enfants, un garçon, une fille.

LE GARÇON.- La Lune clignote de plus en plus fort !

LA FILLE.- Elle va s'éteindre comme une ampoule fatiguée.

LE GARÇON.- Elle veut nous dire quelque chose.

LA FILLE.- On t'appelle Jean de la Lune, tu dois savoir lui parler.

LE GARÇON.- Je ne sais pas lui parler mais je sais l'écouter.

LA FILLE.- Alors, écoute-la.

LE GARÇON.- Il faut que je sois seul avec elle.

LA FILLE.- D'accord, j'ai compris, je te laisse avec ton amoureuse.

Jean et la Lune.

LA LUNE.- Bonsoir, Jean, je suis heureuse que tu m'aies appelée.

JEAN.- Je ne vous ai pas appelée.

LA LUNE.- Je t'ai entendu pourtant.

JEAN.- Je savais que vous aviez quelque chose à me dire.

LA LUNE.- À dire à tous les hommes.

JEAN.- Je suis un homme. Je vous écoute.

LA LUNE.- Pourquoi on t'appelle Jean de la Lune ?

JEAN.- Il paraît que quand j'étais petit j'ai avalé un rayon de Lune, depuis, je suis tout pâle et j'ai la tête ailleurs.

LA LUNE.- Voilà pourquoi je t'ai remarqué !

JEAN.- Qu'est-ce que vous avez à me dire ?

LA LUNE.- La Terre s'est arrêtée parce qu'elle est en colère.

JEAN.- En colère ?

LA LUNE.- En colère contre vous. Vous êtes trop gourmands, trop négligents, vous en voulez toujours plus, vous épuisez ses richesses, vous la couvrez de déchets.

JEAN.- Je ferme toujours le robinet quand je me lave les dents.

LA LUNE.- C'est bien mais ça ne suffit pas.

JEAN.- Je ramasse tous les papiers et les plastiques sur la plage.

LA LUNE.- C'est bien mais ça ne suffit pas.

JEAN.- Je donne mes miettes de pain à manger aux oiseaux l'hiver.

LA LUNE.- C'est bien mais ça ne suffit pas.

JEAN.- Qu'est-ce que je dois faire ?

LA LUNE.- Tu ne peux rien faire tout seul, mais tu peux envoyer un message à ton « président de la République qui s'occupe de tout » pour l'avertir que la Terre ne se remettra à tourner que si les hommes changent.

JEAN.- Il ne va pas le lire !

LA LUNE.- Je crois que si.

Allocution du « président de la République qui s'occupe de tout ».

Mes chers compatriotes,
Les savants ne nous ont pas donné de réponse, les sorciers non plus, moi je vais vous en donner une. *(Il sort de sa poche un papier, il se racle la gorge, il lit.)* « La Terre c'est arrêté parce qu'elle est en colère contre nous, nous gaspillon tout, nous détruisont ses forêts, nous souillon ses océans, nous faisont disparaître des milliers d'espèces animales, nous rendons l'air irrespirable, nous ne pensons qu'à consommé et à gagné de l'argent », déjà dix fautes d'orthographe... je continue, « nous devons être résonnables, respecter la Terre, les autres, les animaux, partagé les richesses... » ... Bon, ça suffit. *(Il froisse le papier, en fait une boulette et la jette vers les spectateurs.)*
J'ai décidé que nous allions promettre d'être raisonnables et bien sûr les autres pays nous suivront.

Des voix.

- C'est quoi ce délire ?

- Respecter les autres !

- Respecter la Terre !

– Respecter les animaux !

– Ça veut dire quoi, respecter ?

– Dépenser moins !

– Partager !

– N'importe quoi !

– Il faut essayer.

– Tu as vu le papier qu'il a lu ?

– Une page de cahier.

– Ça fait pas sérieux.

– On peut quand même essayer.

– On n'a pas le choix.

On entend le grincement de quelque chose qui se remet en route.

Chœur final.

– La Lune a parlé au Soleil

– La Lune a parlé à la Terre

– La Lune a parlé à Jean

– Jean a écrit

– Au président qui s'occupe de tout

– Le président qui s'occupe de tout

– A fait une déclaration à la télévision

– Les chefs d'État ont promis

– Ont signé

– Les hommes

– Presque tous les hommes

– Se sont remis à rêver

– Que l'eau était pure

– Le ciel clair

– Les forêts profondes

– Qu'ils pouvaient

– Partager

– Écouter

– Déposer les armes

– La Lune très fière d'elle

– A cessé de clignoter

– La Terre

– Joyeuse

– Méfiante quand même

– S'est remise à tourner

– Comme si de rien n'était

– Mais avant

– Elle s'est offert un tour

– À toute vitesse

– Histoire de leur faire peur encore une fois.

AUTREFOIS,
AUJOURD'HUI, DEMAIN

PERSONNAGES :

Ce texte peut être joué par un groupe de 10 comédiens ou plus.

Des enfants.

– Autrefois

– Avant

– Il y a longtemps

– Jadis

– Quoi ?

– Jadis

– Ça veut dire quoi ?

– Il y a longtemps

– Dans le temps

– Hier

– Avant-hier

– Avant-avant-hier

– *Fi al maadhi*

– Quoi ?

– Ça veut dire « autrefois » en arabe

– Autrefois c'était quand ?

L'un d'entre eux va chercher une pancarte sur laquelle est écrit « 1945 ».

– 1945 !

– La guerre est finie

– La France est libérée

– Mais on est rationné

– Pas de chocolat

– Pas de banane

– Pas de gruyère

– Et plein d'autres choses

– Des choses qui n'existent pas encore

– Pas de Frigidaire

– Pas de stylo à bille

– Pas de télévision

– Pas de Mobylette

– Pas de grande surface

– Pas d'essoreuse à salade

– Pas de Johnny Hallyday

– Pas d'homme sur la Lune

– Pas de calculette

– Pas d'ordinateur

– Pas de McDo

– Pas de périphérique

- Pas d'autoroute

- Pas de Titeuf

- Pas d'Harry Potter

- Le général de Gaulle est président de la République

- Il donne le droit de vote aux femmes

- L'Algérie est française

- Il y a une école pour les garçons et une école pour les filles

- Pas de télévision

- Tu l'as déjà dit

- Qu'est-ce qu'on fait le soir alors ?

- On écoute la radio

- On parle

- On lit

- On joue

- Ah bon !

Une vieille dame, une jeune fille qui a un Walkman sur les oreilles.

LA VIEILLE DAME.– Avant, ici, il y avait une droguerie, on appelait ça un marchand de couleurs. On y trouvait tout ce qu'il fallait pour la maison, on y faisait aussi des petites réparations : une prise qui ne marchait plus, un carreau cassé. Plus de droguerie, plus de mercerie non plus, il faut aller loin pour trouver une fermeture Éclair ou une pelote de laine. Moi, les grandes surfaces, ça m'affole, je n'y trouve rien. Et puis je ne conduis pas. J'aimais bien aller à la mercerie, ça me donnait envie de coudre, de me faire des robes. Maintenant je n'ai plus d'envies.
Tu m'écoutes ?

La jeune fille balance la tête au rythme de sa musique.

Tu m'écoutes ?

La vieille dame lui enlève son écouteur.

Tu m'écoutes ?

LA JEUNE FILLE.– Avant, ici, il y avait une droguerie, on appelait ça un marchand de couleurs. On y trouvait tout ce qu'il fallait pour la maison, on y faisait aussi des petites réparations : une prise qui ne marchait plus, un carreau cassé, on y trouvait aussi du chocolat, des crayons de couleur, des Chamallows, des barrettes pour les cheveux, des romans d'amour...

La vieille dame ne réagit pas.

Mamie, tu m'écoutes ? Cent fois tu m'as raconté ta droguerie disparue. C'est toi qui ne m'écoutes pas.

LA VIEILLE DAME.– Je t'écoute mais je ne t'entends pas très bien. Ça ne fait rien, j'aime entendre le son de ta voix.

Un garçon.

On dit
Que je suis la photocopie de mon grand-père
Je le regarde
Et je le trouve beau
Je voudrais être sûr
De garder les yeux
Aussi brillants que les siens
Je le regarde
Et je sais comment je serai plus tard
Je ne sais pas si ça me plaît
Je préférerais avoir des surprises
On ne sait jamais
Les photocopieuses ça peut tomber en panne.

UNE JEUNE FILLE *(Qui se regarde dans un miroir.)*

C'est moi aujourd'hui
Et demain ?
Et après-demain ?
J'ai le temps
Est-ce que je guetterai la première ride ?
Le premier cheveu blanc ?
La peau moins éclatante ?
Les yeux moins brillants ?
Quand on est vieux on a le visage qu'on mérite, il paraît
J'aime bien cette idée
Être vieux
Ça veut rien dire
J'en connais un, il a 20 ans
Mais il est plus vieux que mon grand-père.

Un garçon, une fille.

LE GARÇON.- Autrefois il y avait l'école des filles et l'école des garçons.

LA FILLE.- Les garçons venaient attendre les filles à la sortie.

LE GARÇON.- Les filles faisaient semblant de passer par hasard devant l'école des garçons.

LA FILLE.- Ou de venir chercher un petit frère.

LE GARÇON.- Des classes entières de filles, le cauchemar !

LA FILLE.- Des classes entières de garçons, j'ose même pas imaginer !

LE GARÇON.- Une cour de récréation pour nous tout seuls !

LA FILLE.- Des récréations sans recevoir un ballon de foot dans le dos !

LE GARÇON.- Si on n'avait pas de sœur, on savait même pas ce que c'était une fille.

LA FILLE.- Parce que maintenant vous savez ?
Les filles devaient encore croire au prince charmant !

LE GARÇON.- Au moins maintenant qu'on est ensemble depuis la maternelle, on se connaît.

LA FILLE.- On se fait pas d'illusions.

LE GARÇON.- On se connaît peut-être trop.

LA FILLE.- Avant au moins on pouvait rêver.

Une fille.

Je trouve que les années
Ne passent pas assez vite
Les adultes n'ont pas l'air très heureux
Mais je les envie quand même
J'aime pas l'enfance
C'est comme un jardin où tout est interdit
Marcher sur les pelouses
Cueillir des fleurs
Monter aux arbres
Quand on est grand
On fait ce qu'on veut
Les adultes font souvent des bêtises
Mais personne ne les punit
Alors ils recommencent
Je trouve que les années
Ne passent pas assez vite.

Une fille.

Autrefois
L'école était un luxe
Les filles
Après le certificat d'études allaient travailler
Ou restaient à la maison
Pour s'occuper des frères et sœurs
Moi

J'aime pas l'école
J'ai l'impression
Que ses murs m'empêchent de grandir
Peut-être
Que si je n'avais pas le droit d'y aller
Ça me manquerait.

Des enfants.

– Autrefois

– Avant

– Il y a longtemps

– Jadis

– Quoi ?

– Jadis

– Ça veut dire quoi ?

– Il y a longtemps

– Dans le temps

– Hier

– Avant-hier

– Avant-avant-hier

– *Fi al maadhi*

– Quoi ?

– Ça veut dire « autrefois » en arabe

– Autrefois c'était quand ?

L'un d'entre eux va chercher une pancarte sur laquelle est écrit « 1965 ».

– 1965 !

– Le général de Gaulle est toujours président de la République

– L'Algérie est indépendante

– Les hommes ne pensent qu'à conquérir l'espace

– Ils se préparent à aller sur la Lune

– Pas de chômage

– Du travail pour tout le monde ?

– Tu finis l'école, tu trouves du travail

– Super !

– Et pourtant bientôt la révolution

– Quelle révolution ?

– 1968, la révolution de ma grand-mère

– N'importe quoi !

– La télévision

– Oui mais en noir et blanc

– Et deux chaînes seulement

– Le périphérique

– Mais pas de RER

– Pas de CD

– Des disques vinyle

- Pas de Walkman

- Le rock

- Johnny Hallyday

- Déjà ?

- Toujours pas de Titeuf

- Toujours pas de McDo

- Les premiers ordinateurs

- Pas d'Internet

- Pas de portable

- Les garçons et les filles dans la même école

- Il était temps !

Deux filles.

FILLE 1.- Mon grand-père vivait en Algérie.

FILLE 2.- Le mien aussi.

FILLE 1.- Il était pied-noir.

FILLE 2.- Il était algérien.

FILLE 1.- Il a dû la quitter.

FILLE 2.- Il a dû la quitter aussi.

FILLE 1.- Il aimait l'Algérie, l'Algérie ne l'aimait plus.

FILLE 2.- Il aimait l'Algérie mais elle ne pouvait plus le faire vivre.

FILLE 1.- Ses cheveux sont devenus blancs tout d'un coup.

FILLE 2.- Il a vieilli plus vite sans le soleil.

Une fille.

Plus que les yeux
Ce sont les mains qui disent qu'on vieillit
Elles se tachent de brun
Elles sont moins douces
Les doigts sont moins habiles
Le pouce est douloureux lorsqu'il serre quelque chose
Quand on est jeune on ne sait même pas
Que les mains sont si magiques
Elles se font oublier
Elles font tout sans se faire remarquer
C'est quand on les sent qu'on comprend que les années ont passé.

Une fille, sa grand-mère.

LA FILLE.- Mamie, c'est quoi une manifestation ?

LA GRAND-MÈRE.- Des gens qui descendent dans la rue pour dire qu'ils ne sont pas contents.

LA FILLE.- Ils font quoi dans la rue ?

LA GRAND-MÈRE.- Ils défilent, ils tiennent des pancartes, ils chantent.

LA FILLE.- Tu es déjà descendue dans la rue ?

LA GRAND-MÈRE.- Bien sûr, la première fois c'était en 1968.

LA FILLE.- L'année de ta révolution ?

LA GRAND-MÈRE.- On peut dire ça.

LA FILLE.- Tu tenais une pancarte ?

LA GRAND-MÈRE.- Dessus j'avais écrit : « L'imagination au pouvoir. » J'étais très fière, c'était la première fois que je disais quelque chose.

LA FILLE.- « L'imagination au pouvoir », ça veut dire quoi ?

LA GRAND-MÈRE.- Qu'on voulait pouvoir rêver, pas seulement obéir.

LA FILLE.- Rêver de quoi ?

LA GRAND-MÈRE.- De vivre différemment, de penser à autre chose qu'au travail et à l'argent.

LA FILLE.- Vous avez gagné ?

LA GRAND-MÈRE.- Les femmes ont gagné plus que les hommes.

LA FILLE.- Quoi par exemple ?

LA GRAND-MÈRE.- Le droit de choisir sa vie.

LA FILLE.- Et c'est bien ?

LA GRAND-MÈRE.- Ça n'est pas facile mais c'est bien.

Un garçon.

Pourquoi on ne change pas de peau comme les serpents ?
Chaque année
Au printemps
On quitterait notre peau
Comme un vêtement trop petit

On serait à nouveau
Tout beau, tout neuf
On n'aurait plus peur de se regarder dans le miroir
On saurait qu'on va changer
On n'aurait plus peur
Du temps qui passe
Au contraire.

Deux filles.

FILLE 1.– *(Qui feuillette un magazine pour les filles.)* « Test : As-tu la bonne attitude avec les mecs ? » Je déteste ces magazines qui donnent des recettes pour tout.
T'imagines, autrefois, t'avais pas le droit d'aimer qui tu voulais !

FILLE 2.– Comment ça ?

FILLE 1.– C'était les parents qui décidaient. Aujourd'hui, heureusement, on aime qui on veut.

FILLE 2.– Pas toujours. Rappelle-toi Aïcha, un été, elle n'est pas revenue de ses vacances en Algérie, on a appris qu'elle avait été mariée de force.

FILLE 1.– Je préfère pas y penser !
Regarde celui-là comme il est craquant.

FILLE 2.– Ça marche pas à tous les coups.

FILLE 1.– Quoi ?

FILLE 2.– L'amour.
C'est pas parce que tu peux choisir que tu ne te trompes pas.
Moi je me trompe tout le temps.

FILLE 1.– Et alors ? On peut rêver, non ?

Des enfants.

– Autrefois

– Avant

– Il y a longtemps

– Jadis

– Quoi ?

– Jadis

– Ça veut dire quoi ?

– Il y a longtemps

– Dans le temps

– Hier

– Avant-hier

– Avant-avant-hier

– *Fi al maadhi*

– Quoi ?

– Ça veut dire « autrefois » en arabe

– Autrefois c'était quand ?

L'un d'entre eux va chercher une pancarte sur laquelle est écrit « 1989 ».

– 1989 !

– On fête les 200 ans de la révolution, la vraie

– Il y a vingt ans, les hommes ont marché sur la Lune

– Mais depuis ils l'ont oubliée

– Alors Michael Jackson a inventé le Moonwalk

– Les hommes s'en prennent à la Terre

– Déjà la pollution

– Déjà les marées noires

– Les forêts massacrées

– Le désert qui gagne du terrain

– Oui mais la télévision en couleur

– Et des tas de chaînes

– Les feuilletons

– *La Petite Maison dans la prairie*

– Le TGV

– Le RER

– Les grandes surfaces

– La publicité qui dit ce qu'il faut acheter

– Déjà le chômage

– Le terrorisme

– Le président de la République s'appelle François Mitterrand

– Il aime les livres et les artistes

– Un mur est tombé à Berlin

– Tout le monde va voir *Le Grand Bleu* au cinéma

– Toujours pas d'Harry Potter

– Mais toujours Johnny Hallyday

– Des ordinateurs partout

– Mais pas de téléphone portable

– Au collège, on parle du foulard islamique

– Déjà ?

Une fille.

J'ai pas peur de vieillir
J'ai peur de grandir
Pas envie de sortir du nid
De prendre mon élan
De voler
De tomber peut-être
Je voudrais
Ne pas quitter
Ma chambre d'enfant
Et rêver que Peter Pan

M'entraîne
Dans des aventures
Où tout est possible
Je voudrais être sûre que la planète
Sera toujours belle
Avant de partir à sa découverte.

Une fille.

Après l'école
J'aime bien aller chez la vieille dame du premier
Elle me fait des crêpes
Elle me raconte ses amoureux d'autrefois
Ses premières vacances à la mer
Son métier de couturière, elle en était fière
Elle regarde tous les feuilletons à la télé
J'suis obligée de regarder aussi
J'trouve ça nul
Mais je fais semblant de m'y intéresser
Questions pour un champion, c'est pire
Elle est vraiment accro
J'peux pas y échapper
Je m'installe avec Roudoudou sur les genoux
Roudoudou c'est son chat
Et j'écoute sans écouter
En mangeant des crêpes
J'aime bien.

Deux garçons.

GARÇON 1.- Quand on est vieux, on sait tout.

GARÇON 2.- *(Qui joue avec sa Game Boy.)* Mmm.

GARÇON 1.- Quand on est vieux, on oublie tout.

GARÇON 2.- Mmm.

GARÇON 1.- Quand on est vieux, on dit que c'était mieux avant.

GARÇON 2.- Mmm.

GARÇON 1.- Quand on est vieux, on rêve en noir et blanc, pas en couleurs.

GARÇON 2.- Mmm.

GARÇON 1.- Quand on est vieux, on a le droit de regarder la télévision tout le temps.

GARÇON 2.- Mmm.

GARÇON 1.- Quand on est vieux, on ne tombe plus amoureux.

GARÇON 2.- Mmm.

GARÇON 1.- Quand on est vieux, on est riche.

GARÇON 2.- Mmm.

GARÇON 1.- Quand on est vieux, on a mal partout.

GARÇON 2.- Mmm.

GARÇON 1.- Quand on est vieux, on a peur de tout.

GARÇON 2.- Mmm.

GARÇON 1.- Quand on est vieux, on perd tout, ses lunettes, ses mots, ses...

GARÇON 2.- Quand on est jeune, on dit n'importe quoi.

Une fille.

Quand on est vieux
On a le visage qu'on mérite il paraît
Je regarde ma grand-mère
Et je la trouve belle
J'aimerais savoir ce qui lui fait les yeux si clairs
Et la peau si douce
Elle a eu une vie dure pourtant
Elle aimait l'école
Elle n'a pas eu le droit de continuer
Le travail à la ferme de ses parents
L'usine, les enfants à élever

Elle a toujours tenu la tête haute
Elle a toujours regardé la vie
Droit dans les yeux
J'espère que j'aurai le même courage
Et la même lumière dans les yeux.

Un garçon, une fille.
Le garçon dessine en se regardant dans un miroir, la fille entre.

LA FILLE.- Tu dessines ton portrait ?

LE GARÇON.- Mon portrait dans cinquante ans.

LA FILLE.- Dans cinquante ans ?

LE GARÇON.- J'essaie d'imaginer mon visage plus tard, quand les années l'auront changé.

LA FILLE.- Fais voir.

LE GARÇON.- *(Qui continue à dessiner.)* Quelques rides sur le front, le visage moins rond, les yeux moins ouverts... regarde, je suis déjà quelqu'un d'autre.

LA FILLE.- C'est toujours toi.
Te fatigue pas, quand on vieillit on a le visage qu'on mérite, il paraît.

LE GARÇON.- Ça ne me rassure pas vraiment.

LA FILLE.- Ça veut dire quoi ?

LE GARÇON.- Devine.

Un garçon.

Un coup de colère
D'accord
Un coup de blues
D'accord
Mais un coup de vieux
Ça veut dire quoi ?
Est-ce qu'un matin on se réveille
Avec les cheveux blancs
Le visage ridé
Le dos courbé ?
Un coup de vieux
Ça veut dire quoi ?

Des enfants.

– Autrefois

– Avant

– Il y a longtemps

– Jadis

– Quoi ?

– Jadis

– Ça veut dire quoi ?

– Il y a longtemps

– Dans le temps

– Hier

– Avant-hier

– Avant-avant-hier

– *Fi al maadhi*

– Quoi ?

– Ça veut dire « autrefois » en arabe

– Autrefois c'était quand ?

L'un d'entre eux va chercher une pancarte sur laquelle est écrit « 2009 ».

– 2009 !

– C’est pas autrefois, c’est aujourd’hui

– Maintenant

– On a changé de siècle

– Je suis née avec le siècle nouveau

– Le général de Gaulle est mort depuis longtemps

– Le président de la République s’appelle Nicolas Sarkozy

– Il aime les montres

– Il aime aussi se montrer

– Les Américains ont un président noir

– Il est très beau, il parle bien

– Les portables pour tous

– Les MP3

– Les ordinateurs partout

– Internet

– Titeuf enfin

– Harry Potter enfin

– Des dizaines de chaînes à la télé

– Des écrans plats

– Les DVD

– Les CD

– Les McDo

– Michael Jackson est mort

– Pas Johnny Hallyday

– On a des euros dans les poches

– Le chômage

– Les usines qui ferment l'une après l'autre

– Les SDF

– La pollution

– L'eau qui manque

– La Terre qui se réchauffe

– Toujours plus de tempêtes

– On a appris un mot nouveau, tsunami

– Toujours plus d'hommes qui ont faim

– Toujours plus d'animaux en danger

– On n'ose plus se moquer des écologistes

– On parle d'énergie solaire

– On fait des conférences sur le réchauffement climatique

– Des guerres toujours

– Le souvenir des tours qui s'écroulent

– Le terrorisme qui fait toujours peur

– Qui justifie les guerres

– Les filles qui doivent toujours se battre pour exister

– Les garçons qui se posent des questions

– Ah bon ?`

Un garçon.

Je marche sur un fil tendu entre autrefois et demain
Je suis en équilibre
Je voudrais prendre mon temps
Trouver l'endroit où me poser
Le choisir
En prendre soin
On me dit qu'il faut
Aller toujours plus vite
Être le plus fort
Penser d'abord à moi
Je n'aime pas le monde que me laissent les hommes
Ils me font penser à ces animaux
Qui courent en troupeau vers un précipice sans hésitation
Je regarde mon père dans les yeux
Et je vois qu'il a peur lui aussi.

FRANÇOISE DU CHAXEL

Née à Bergerac en 1940, Françoise du Chaxel partage son temps entre l'écriture et l'action culturelle. Elle a été secrétaire générale dans plusieurs institutions culturelles, écrivain associé au Théâtre de la Cité internationale (Paris) et elle est directrice de la collection « Théâtrales Jeunesse ».

Elle a écrit une vingtaine de textes de théâtre, dont certains pour et avec des adolescents.

Ils ont été créés en France par divers metteurs en scène : Françoise Coupat, Laurence Février, Colette Froidefont, Jean-Claude Gal, Anne-Marie Lazarini, Christophe Lemaître, Sylvie Ollivier, Étienne Pommeret, Luc Quistrebert, Brigitte Seth et Roser Montlo Guberna...

La Terre qui ne voulait plus tourner a été écrit en 2008 pour Cynthia, Erwan, Gwendal, Kaina, Kevin, Sonia et Steven de l'Ermitage Lamourous au Pian-Médoc (33) et mis en scène par Betty Heurtebise (compagnie La Petite Fabrique). Ce texte est une commande de l'IDDAC de Gironde.

Autrefois, aujourd'hui, demain a été écrit en 2006 pour l'atelier théâtre pour enfants de l'association Courant d'art frais (Paris 13e), dirigé par Cécile Cossard.

C'EST ÇA LE PROGRÈS ?

Lorsque j'écrivais, il y a 30 ans, le conte qui est à l'origine de la pièce *La Terre qui ne voulait plus tourner*, les écologistes faisaient figure de doux rêveurs ou d'oiseaux de mauvais augure. Quelques voix d'hommes de science ou de conscience s'élevaient pour donner l'alarme. Celles de René Dumont, de Michel Serres, de Jean Dorst, de Pierre Rabhi annonçaient dans l'indifférence générale la catastrophe à venir. Et nous y voilà.

Alors que j'écris ces lignes qui accompagnent l'édition de cette pièce, les médias relaient les nouvelles du sommet de Copenhague, les avancées, les reculs, les espoirs, les déceptions, les manœuvres des grandes puissances pour promettre le moins possible.

On ne se moque plus des écologistes. Même si certains scientifiques mettent en doute le réchauffement annoncé, la décroissance n'est plus un mot interdit, les hommes, les femmes surtout, changent de comportement, sont plus raisonnables que les politiques.

Alors écrire une pièce qui avec légèreté aborde ce sujet grave, pourquoi pas ?

L'occasion m'en a été donnée par une commande de l'Ermitage Lamourous, un lieu exceptionnel, un foyer école qui, au Pian-Médoc, en Gironde, accueille des enfants en difficulté familiale. Pour eux, pas question d'écrire un théâtre du quotidien de l'enfance.

Plutôt une fable moderne qui parlerait d'aujourd'hui sans parler d'eux précisément, qui les promènerait entre la Terre et l'Espace, là où les planètes ont des conversations mystérieuses, une fantaisie pas tellement fantaisiste qui les ferait dialoguer avec la Lune.

Un texte qui leur permettrait de dire aux adultes qu'il n'y a plus de temps à perdre s'ils veulent leur laisser un monde décent.

J'ai repris ce conte, dont j'avais fait une première adaptation théâtrale qui ne me satisfaisait pas et j'ai écrit, pour ces enfants de Pian-Médoc, bien sûr, mais aussi pour tous ceux à qui on donne des conseils sans leur expliquer pourquoi, l'histoire de cette colère terrible de la Terre.

Pour d'autres enfants, de Paris cette fois, qui avaient, tout au long d'une année, dialogué avec des personnes âgées, j'ai écrit un voyage dans le temps, faisant l'inventaire de ces années dont nous venons, et posant quelques questions sur demain.

Les deux textes se complètent, se répondent, des révoltes de la planète Terre aux inquiétudes intimes de ceux qui abordent l'adolescence et qui ont quelques raisons d'avoir des doutes sur la toute puissance du progrès.

Françoise du Chaxel, décembre 2009

VISIONNAIRES

(extraits de textes de Jean Dorst, Pierre Rabhi, Nicolas Hulot)

La grande erreur de notre temps, ça a été de pencher, je dis plus, de courber l'esprit des hommes vers la recherche du bien-être matériel...

Victor Hugo, 1848, discours devant l'Assemblée nationale

... Nous ne voulons pas jouer les Cassandre. Mais l'homme a imprudemment joué à l'apprenti sorcier et mis en marche des processus dont il n'est plus le maître. Ces préoccupations, qui concernent en fait le devenir de l'homme envisagé sous tous ses aspects, s'appliquent particulièrement aux questions qui nous retiennent ici : les problèmes de la conservation de la nature, au sens le plus large du terme, sont intimement liés à beaucoup d'autres avec lesquels ils forment un tout et dont l'analyse permet de juger de la gravité du déséquilibre planétaire et de l'instabilité régnant à l'époque actuelle.

En fait, en dépit de tous les progrès de la technique et d'un machinisme devenu envahissant, en dépit de la foi que professent la plupart de nos contemporains en une civilisation mécanique, l'homme continue de dépendre étroitement des ressources renouvelables et avant tout de la production primaire, la photosynthèse en représentant le stade premier. Ce fait fondamental lie l'homme d'une manière très étroite à l'ensemble du monde vivant, dont il ne forme qu'un élément. Pièce maîtresse sans doute (nous ne raisonnons ici que sur le plan matériel en faisant abstraction du côté spirituel si particulier de l'humanité), mais néanmoins simple rouage d'un ensemble complexe où s'articule un grand nombre de composants.

Au-delà des individus s'agrégeant en populations, au-delà des espèces formant le règne animal et le règne végétal, existe une entité beaucoup plus vaste, véritable organisme constituant la biosphère de la planète tout entière...

La Nature dé-naturée, **Jean Dorst** (extrait),© 1970,
Éditions du Seuil, coll. « Points Essais »

Pierre Rabhi : ... Il m'est très difficile de parler de progrès, mais il me semble évident que la terre que je cultive écologiquement et que je tente d'améliorer sera meilleure quand je la transmettrai à mes enfants. En cela, je suis solidaire avec les générations futures. Quand je récolte les fruits des arbres qui ont été plantés par les gens qui m'ont précédé, j'ai le sentiment de bénéficier d'une solidarité qui transcende le temps. Le drame de la société actuelle, c'est qu'elle bazarde tout, qu'elle solde tout sans tenir compte de la continuité qui se fait par la transmission de tous les héritages de notre aventure terrestre.

Comme tu le dis si bien, l'écologie nous pose actuellement un dernier ultimatum, qui déterminera notre avenir. L'être humain doit faire son choix. Et je suis convaincu que les réponses fondamentales que nous attendons pour nous orienter n'auront de valeur que si elles sont inspirées par la nature, en tant que garante de la pérennité ? On ne les trouvera pas dans les concepts.

Nicolas Hulot : Comme je n'ai aucune idée de l'intention finale de la pulsion de vie, je me suis fixé un objectif plus rudimentaire, mais tout aussi efficace. En tant que voyageur, j'ai souvent constaté que nous vivons dans un océan de souffrances, avec quelques rares îlots d'opulence. D'un côté, il y a ceux que j'appelle « les damnés de la Terre », les sans espoir, pour qui la première respiration est une souffrance. Et de l'autre, il y a ceux qui ont tiré leur épingle du jeu, plus ou moins provisoirement, et qui tentent de préserver cet état de grâce. Mais le paradis de cette petite poignée d'êtres humains est pavé de l'enfer des autres, et si le progrès doit avoir une finalité, ce devrait être de mettre un terme à cela. L'épanouissement doit être partagé et la souffrance chronique, résorbée.

En cela, je crois beaucoup au génie humain, aux prouesses de la technologie et aux progrès de la science…

Pierre Rabhi : Je ne partage pas tout à fait cette idée selon laquelle la technologie pourrait être constructrice de joie.

Nicolas Hulot : La technologie et la technique peuvent participer à nous mettre à l'abri d'un certain nombre de souffrances.

Pierre Rabhi : … La technologie nous a dotés d'instruments d'une efficacité sans précédent. Je ne suis pas sûr que ces outils soient aujourd'hui dociles, soumis à notre volonté. Ils nous déterminent bien plus que nous les déterminons…

Graines de possibles, Regards croisés sur l'écologie,
Nicolas Hulot et Pierre Rabhi (extraits),

Un jour, dit la légende, il y eut un immense incendie de forêt. Tous les animaux terrifiés et atterrés observaient, impuissants, le désastre. Seul le petit colibri s'active, allant chercher quelques gouttes d'eau dans son bec pour les jeter sur le feu. Au bout d'un moment, le tatou, agacé par ses agissements dérisoires, lui dit : « Colibri ! Tu n'es pas fou ? Tu crois que c'est avec ces gouttes d'eau que tu vas éteindre le feu ? » « Je le sais, répond le colibri, mais je fais ma part. »

La Part du colibri : L'espèce humaine face à son devenir,
Pierre Rabhi (extrait)

TABLE DES MATIÈRES

Achevé d'imprimer sur papier issu de la gestion durable des forêts (certifié FSC) en mai 2010 sur les presses de la Nouvelle Imprimerie Laballery à Clamecy (58) labellisée Imprim'Vert®.

N° d'imprimeur : 004087

Composition et maquette :
Concordance(s)/Michel Delon à Mareuil-lès-Meaux (77)
Imprimé en France

Dépôt légal : mai 2010